FUERZA Y ENERGÍA

Nathan J. Briffa

Consultores del Programa de lectoescritura
David Booth • Kathleen Corrigan

Contenido

¿Qué mueve el mundo?

¿Te has preguntado alguna vez cómo sabe una brújula hacia dónde apuntar? ¿O por qué tu garganta vibra cuando cantas o murmuras? ¿Te has preguntado por qué no vuelas sobre la superficie de la Tierra cuando saltas? Todo esto, y casi todo en el universo, se debe a la existencia de la fuerza y la energía.

La fuerza y la energía nos rodean a diario. Lo sepas o no, afectan la vida cotidiana y cómo haces las cosas.

Sin fuerza y energía, hasta una simple herramienta como la brújula no podría funcionar.

La fuerza y la energía pueden hacer que las cosas se muevan más rápido o más lento, provocando cambios generales en nuestro entorno. Entender la fuerza y la energía nos permite ver el mundo más claramente. Cuanto mejor entendamos el funcionamiento del mundo, mejor usaremos el conocimiento para desarrollar nuevas **tecnologías**, construir edificios e inventar cosas útiles. Veamos de cerca la fuerza y la energía, y algunas de las diferentes maneras en que afectan nuestra vida diaria.

Según la leyenda, cuando una manzana cayó en su cabeza, Isaac Newton empezó a pensar en por qué todo caía al suelo.

Fuerza

La fuerza hace que las cosas se muevan. Puede ser de empuje o jalado. Cuanto más se empuja o jala un objeto, más lejos se desplazará. Pero si el empuje o jalado es débil, no se desplazará tanto. Las fuerzas de empuje y jalado están por todas partes. Cuando saltamos, nuestros pies empujan el suelo. Cuando estamos en el aire, la atracción de la fuerza de gravedad nos jala y hace bajar. Quizá no notemos algunas de las fuerzas que usamos o que actúan en nosotros diariamente.

Cuando nadamos, nuestras manos y pies se impulsan contra el agua, propulsándonos hacia delante.

Las fuerzas de empuje y jalado en el área de juego

Cuando haces un pase o lanzas una pelota de básquetbol, empujas la pelota lejos de ti.

En el pasamanos, necesitas una fuerza de jalado fuerte para ir de barra en barra.

Cuando subes una escalera de un parque infantil, te empujas con el pie en el peldaño y jalas hacia arriba con los brazos.

Puedes usar las fuerzas de empuje y jalado para mover un carrusel. Unos jalan con las manos para hacer girar el carrusel; otros empujan.

La fricción

Mientras las fuerzas de empuje y jalado hacen mover los objetos, existe una fuerza que frena ese movimiento.

¿Has patinado alguna vez? Cuando te impulsas en el hielo, tus patines se deslizan fácilmente en la superficie. Pero cuando tratas de desplazarte por una alfombra usando calcetines, no te deslizas tan fácilmente.

La razón por la que no te puedes deslizar en una alfombra es la fricción. Cuando dos objetos se tocan y sus superficies se rozan, la **resistencia** entre ambas superficies se denomina fricción. Dos superficies lisas, como una pista de hielo y la hoja de un patín, generan menos fricción, por eso es tan fácil patinar sobre hielo. Sin embargo, las superficies rugosas, como las alfombras, crean más fricción. Como resultado, no te puedes deslizar en una alfombra como lo harías sobre el hielo.

Los patines de velocidad se afilan para tener un borde plano, que reduce la fricción al mínimo entre el patín y el hielo. Así, los patinadores se pueden desplazar extremadamente rápido.

Conexiones con la vida diaria

La fricción desempeña un papel importante en la manera en que diseñamos los equipos de transporte. La fricción ocurre no solo entre dos objetos sólidos como el suelo y las ruedas de un carro, sino también entre un objeto sólido y el agua. Puede ocurrir, incluso, entre un objeto sólido y el aire.

Controlar la fricción es la clave para dominar el movimiento en la Tierra. Si algo tiene demasiada fricción, no se podrá mover muy rápido. Si tiene muy poca fricción, se deslizará sin control. Por ejemplo, algunos carros tienen neumáticos especiales para agarrarse mejor a la carretera cuando el tiempo es húmedo o helado. Al crear mayor fricción, los neumáticos especiales impiden que el vehículo se salga de la carretera o choque con otros carros. En cambio, los aviones están diseñados para reducir la fricción con el aire, permitiéndoles volar más rápido. Los botes rápidos están diseñados para reducir la fricción entre el bote y el agua.

Algunos botes llevan una pintura especial que reduce la fricción entre el bote y el agua.

La gravedad

Cuando lanzas una pelota al aire, esta bajará. Igualmente, cuando saltamos, en vez de alejarnos del planeta flotando, simplemente volvemos al suelo. ¿Cómo sucede?

Todo objeto tiene una fuerza invisible denominada gravedad. Es la fuerza que atrae un objeto hacia otro. Entonces, ¿por qué no somos atraídos unos hacia otros? Porque la gravedad de los objetos ligeros es muy débil, y los objetos más pesados tienen una fuerza de gravedad más fuerte que los objetos ligeros. Como la Tierra es el mayor objeto a nuestro alrededor, su fuerza de gravedad es mucho más fuerte que la de los seres humanos o, incluso, la de un edificio. La gravedad de la Tierra atrae todo hacia ella. Cuando saltamos, a pesar de que la fuerza que nos empuja lejos de la Tierra es fuerte, la gravedad entra en acción y nos devuelve al suelo.

¿Sabías que...?

El Sol es el objeto más grande de nuestro sistema solar. Por consiguiente, tiene la mayor atracción gravitacional. Esta atracción gravitacional hace orbitar los planetas de nuestro sistema solar alrededor del Sol.

Conexiones con la vida diaria

En la Tierra, los edificios tienen que ser lo suficientemente fuertes para resistir la fuerza de gravedad, porque esta fuerza ejerce una atracción constante sobre ellos. Además, tienen que ser diseñados para soportar las fuerzas que se producen durante eventos naturales como huracanes y terremotos. Al diseñar edificios y puentes, los ingenieros tienen que considerar todas las fuerzas que podrían afectar la estabilidad de la **estructura**.

La estabilidad de los edificios

Fuerza de gravedad

Aunque la gravedad ejerza una atracción en los edificios, no caerán si están bien construidos.

Si no están bien construidos, los edificios serán atraídos hacia abajo por la gravedad.

Las fuerzas magnéticas

¿Has jugado con imanes alguna vez? Quizá los uses para colgar fotos en el refrigerador de tu casa. Un imán es un objeto que produce una fuerza invisible. Esta fuerza atrae ciertos metales, como hierro y níquel.

Todos los imanes tienen dos extremos denominados polos. Específicamente, uno se denomina polo sur y el otro, polo norte. Las fuerzas magnéticas hacen que los polos opuestos se atraigan, pero la fuerza del magnetismo repele los polos idénticos. Cuando pegas un imán en tu refrigerador, el imán y el refrigerador tienen polos opuestos. Esta oposición hace que se atraigan, haciendo que tu imán se pegue.

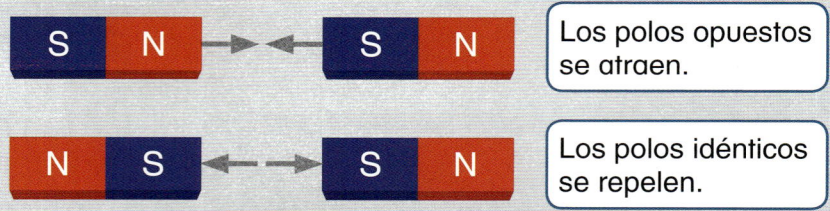

Los polos opuestos se atraen.

Los polos idénticos se repelen.

El campo magnético de la Tierra

La Tierra es similar a un imán gigante. Su centro está compuesto de hierro y níquel, que son dos metales magnéticos. A medida que el planeta gira, el movimiento de esos metales crea un campo magnético invisible. A pesar de que este campo magnético se genera a gran profundidad, llega hasta el espacio.

Al igual que otros imanes, la Tierra tiene un polo norte y un polo sur magnéticos. Los polos magnéticos de la Tierra son la razón por la que las brújulas funcionan. La aguja magnetizada de una brújula rotará para alinearse con el campo magnético de la Tierra. Durante siglos, los exploradores han usado brújulas magnéticas para **navegar**.

El campo magnético de la Tierra también protege el planeta. El Sol emite **partículas** que salen disparadas en todas direcciones. El campo magnético de la Tierra ayuda a proteger el planeta y la atmósfera al **desviar** esas partículas. Sin el campo magnético, las partículas solares acabarían con la atmósfera de la Tierra.

Algunas partículas del Sol traspasan el campo magnético de la Tierra. Cuando esas partículas chocan con el gas presente en la atmósfera de la Tierra, crean las auroras. Las auroras son un espectáculo hermoso de luces danzantes en el cielo. El resplandor del norte (aurora boreal) y el resplandor del sur (aurora austral) se ven normalmente más cerca de los polos magnéticos norte y sur.

Aunque la aurora boreal es normalmente verde, también se ha visto de otros colores, como rojo, morado, amarillo y azul.

Experimento:

Construye tu propia brújula

Necesitarás:

- un imán
- un trozo de corcho
- un tazón con agua
- unos alicates
- una aguja de coser de metal

Recuerda pedir a un adulto que te ayude con la aguja. También es importante mantener el imán lejos de los dispositivos electrónicos, como computadoras y celulares, para evitar dañarlos.

Paso 1: Toma la aguja de coser y frótala contra el imán entre 10 y 20 veces. Esto cargará la aguja y la convertirá en un imán. Asegúrate de frotarla en una sola dirección o no se cargará.

Paso 2: Pide a un adulto que use los alicates para insertar la aguja en el corcho. Asegúrate de que la aguja esté en el centro del corcho. Luego, coloca el corcho en el agua para que flote.

(Si no tienes un corcho, puedes hacer este experimento con un círculo de papel encerado o una hoja pequeña. Pon simplemente la aguja sobre el papel encerado o la hoja y déjala flotar).

Paso 3: Observa la aguja mientras rota. Si la cargaste bien, un extremo apuntará al norte y el otro, al sur.

Paso 4: Ahora que tienes una brújula, necesitas saber qué extremo apunta al norte y cuál apunta al sur. Puedes hacerlo usando la naturaleza. Durante el día, el Sol sale por el este y se pone por el oeste. Usa el movimiento del Sol para encontrar el este y el oeste. Cuando sepas dónde están el este y el oeste, podrás determinar el norte y el sur.

Por la noche, usa las estrellas para **orientar** tu brújula. Polaris, la Estrella del Norte, es la última en el mango de la **constelación** de la Osa Menor. Cuando estás frente a esta estrella, estás frente al norte.

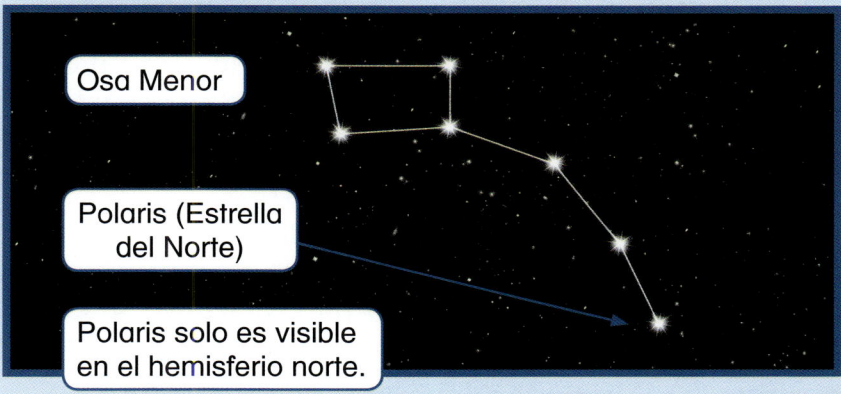

Osa Menor

Polaris (Estrella del Norte)

Polaris solo es visible en el hemisferio norte.

Conexiones con la vida diaria

Los imanes tienen una gran variedad de usos. ¿Sabías que algunas fuerzas magnéticas se encienden y se apagan cuando la electricidad fluye por ellas? Se denominan electroimanes. Los imanes y los electroimanes están a tu alrededor. Se usan en objetos como altavoces, televisiones, timbres de puerta y teléfonos. Las fuerzas magnéticas también se usan en los equipos médicos.

Energía

Cuando la fuerza mueve un objeto, hace falta energía suficiente para impulsarla. La energía es la capacidad de realizar un trabajo, hace que las cosas sucedan. La energía no se crea ni se destruye, solo se transfiere de un objeto a otro y de una forma a otra.

La energía eléctrica

En una noche cálida de verano, puedes ver rayos que iluminan el cielo. Son un ejemplo de energía eléctrica. Los genera la misma energía eléctrica que ilumina nuestros hogares por las noches.

Para entender la energía eléctrica, antes debes comprender que todo en el mundo está compuesto de partículas diminutas denominadas átomos. Los átomos tienen un núcleo pequeño con carga positiva (+). Alrededor del centro de cada átomo flotan electrones, que tienen carga negativa (-). La electricidad se forma cuando los electrones se mueven de un átomo a otro.

Estructura de un átomo

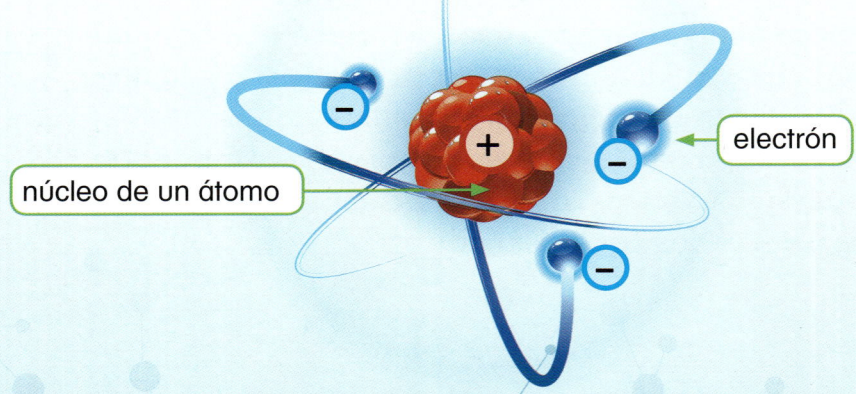

electrón

núcleo de un átomo

La corriente eléctrica

Existen dos formas de electricidad: corriente y estática. La corriente eléctrica es el movimiento de electrones por un cable conductor completo llamado circuito. Las pilas producen corriente eléctrica. Una reacción química dentro de una pila produce una acumulación de electrones. Esos electrones se liberan por el extremo negativo de la pila. Luego, los electrones pasan por el circuito, encendiendo objetos como focos y radios, mientras se dirigen al extremo positivo de la pila.

Circuito simple

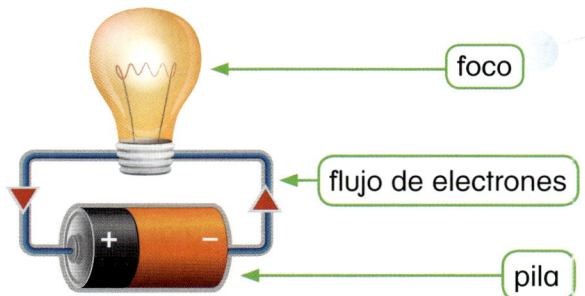

foco

flujo de electrones

pila

La electricidad estática

La electricidad estática es la acumulación de electrones cuando no hay circuito por el que se pueden desplazar. Por ejemplo, cuando frotas un globo contra tu suéter, los electrones se transfieren del suéter al globo. La acumulación de electrones en el globo produce una carga negativa. El suéter, que generó esos electrones, ahora tiene una carga positiva. Al igual que los polos de un imán, las cargas opuestas se atraen. Al retirar las manos, el globo con carga negativa se quedará pegado al suéter con carga positiva.

Los rayos

Ahora que sabemos qué es la electricidad, veamos cómo se forman los rayos.

Las nubes de tormenta están compuestas de partículas de hielo y agua. Mientras estas partículas se desplazan, chocan unas con otras. Estas colisiones crean energía eléctrica. En las nubes, las partículas con carga positiva se mueven hacia arriba y las que tienen carga negativa se mueven hacia abajo.

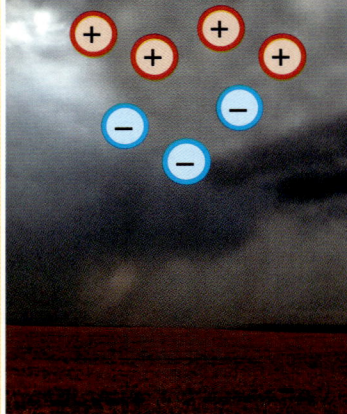

Las cargas negativas de la parte baja de las nubes de tormenta atraen cargas positivas en el suelo, haciendo que se junten.

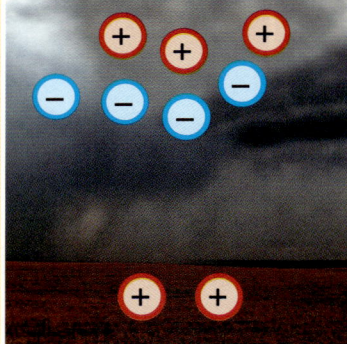

Cuando las cargas de las nubes y las del suelo acumulan energía suficiente, se encuentran. Los rayos que vemos son la transferencia de energía.

Conexiones con la vida diaria

Para poder usar energía eléctrica siempre que la necesitemos, los seres humanos han descubierto muchas maneras de generar electricidad. Algunas maneras requieren usar recursos que se toman de la Tierra. Esos recursos se denominan no renovables porque su suministro es limitado. El carbón es un recurso no renovable que usamos para producir electricidad. En cambio, la luz solar y el viento son recursos renovables que se usan para producir electricidad. Estos recursos son ilimitados.

Miles de millones de personas usan la electricidad a diario para suministrar luz y calor en los hogares y negocios. También se usa para conectar computadoras, equipos médicos y diferentes dispositivos para el hogar.

Los paneles solares convierten la energía del Sol en electricidad.

La energía térmica

Imagina tu vida sin calor. No podrías comer una comida caliente ni relajarte en una bañera con agua caliente llena de burbujas.

El calor es una forma de energía que se encuentra en todo. Es el movimiento de los átomos en los sólidos, líquidos y gases. Cuando un objeto está caliente, sus átomos se mueven mucho porque están impulsados por una gran cantidad de energía térmica. Cuando un objeto está frío, no tiene gran cantidad de energía térmica, y los átomos no se mueven tanto. La energía térmica siempre se desplaza de áreas de alta energía a áreas de baja energía. Es decir, el calor siempre se transfiere de objetos calientes a objetos fríos.

frío

caliente

Los átomos de un objeto frío se mueven lentamente.

Los átomos de un objeto caliente se mueven rápidamente.

El Sol

El calor puede venir de una variedad de fuentes. Una de las fuentes principales de calor en la Tierra es el Sol. Cuando los átomos dentro del Sol chocan, se libera energía. Esta energía viaja en ondas por el espacio. Sentimos esta energía como calor.

Afortunadamente para los seres humanos, la Tierra está a una distancia perfecta del Sol. Si estuviéramos más cerca, haría demasiado calor y toda nuestra agua se **evaporaría**. Si estuviéramos más lejos, no habría calor suficiente y toda nuestra agua estaría congelada. Tener la cantidad adecuada de calor es indispensable para la vida en la Tierra.

El calor geotérmico

El núcleo de la Tierra también es una fuente de calor en forma de energía geotérmica. La energía geotérmica se genera a grandes profundidades, donde la roca **fundida** y las partículas **radioactivas** liberan mucho calor. El calor se aleja del núcleo y viaja hacia la corteza terrestre. Es más fácil sentir la energía geotérmica cerca de los volcanes, fuentes termales y **géiseres** porque, en esas áreas, la roca fundida está más cerca de la superficie terrestre.

La planta de energía geotérmica Nesjavellir, en Islandia, produce electricidad y agua caliente.

Cocinar

¿Qué utensilios usa tu familia para cocinar la cena? Quizá use un horno para cocinar pan, o una parrilla para asar carne. Muchas de las cosas que empleamos para cocinar usan energía térmica. Hornear, freír, asar y hervir son solo algunas de las maneras en que se usa el calor para cocinar.

Uno de los electrodomésticos más usados en la cocina es la estufa. La estufa eléctrica convierte la energía eléctrica en energía térmica. Este cambio aumenta el movimiento de los átomos en el quemador. Cuanto más rápido se mueven los átomos, más se calienta el quemador. A medida que los átomos en el quemador se mueven más y más, empiezan a chocar contra los átomos de la olla, y pasan la energía térmica. Entonces, los átomos de la olla empiezan a moverse más rápido también. Eventualmente, suficiente energía térmica pasa a los átomos del fondo de la olla, y la olla está caliente y lista para usarse.

Muchos cocineros prefieren ollas de cobre porque se calientan rápidamente.

Las fogatas producen calor suficiente para asar malvaviscos.

Conexiones con la vida diaria

Además del núcleo de la Tierra y del Sol, existen otras maneras de producir calor. Algunas incluyen encender fogatas, usar electricidad o provocar reacciones químicas. Incluso nuestro cuerpo produce calor. Al igual que las reacciones que se observan en el Sol, cuando hacemos ejercicio, las reacciones químicas en nuestros músculos producen energía térmica. Afortunadamente, nuestro cerebro reconoce cuándo generamos demasiado calor. La respuesta de nuestro cuerpo es empezar a sudar para enfriarnos y evitar que la temperatura corporal aumente demasiado.

Cuando vemos el destello brillante de los rayos durante una tormenta eléctrica, la emoción no termina ahí. Poco después, oímos el estruendo de los truenos. Aprendimos que los rayos son energía eléctrica, pero ¿qué tipo de energía produce los truenos?

Para entender los truenos, deja de leer por unos segundos y tararea una canción. Mientras lo haces, coloca suavemente los dedos en la garganta. ¿Sientes el movimiento? Es la vibración de tus cuerdas vocales. Cuando una fuerza hace vibrar un objeto, se produce energía sonora. La energía sonora se desplaza en ondas que denominamos ondas sonoras. Las ondas sonoras necesitan un medio, sea este sólido, líquido o gaseoso, para desplazarse. Cuando las ondas sonoras se desplazan por un medio y llegan a nuestros oídos, nuestro cerebro reconoce las vibraciones como sonidos. Las ondas sonoras pueden viajar en patrones diferentes, por eso oímos sonidos diferentes.

¿Sabías que...?

La energía luminosa viaja más rápido que la energía sonora, por eso vemos los rayos antes de oír los truenos.

Los truenos

Durante una tormenta eléctrica, los rayos calientan el aire que los rodea a muy altas temperaturas. Sin embargo, como los rayos son tan rápidos, ese aire no tiene tiempo de **expandirse** y, entonces, aumenta mucho la presión. Este aumento significa que hay muchas partículas de aire caliente en poco espacio. Cuando esta presión finalmente es liberada, crea ondas sonoras que oímos en forma de truenos.

Conexiones con la vida diaria

La energía sonora nos ayuda a comunicarnos unos con otros. También nos divierte en forma de música. ¿Sabías que la energía sonora también se usa en medicina? Los ultrasonidos son ondas sonoras que producen **imágenes** de partes del cuerpo que no podemos ver desde fuera, como los riñones. Los doctores usan la tecnología de ultrasonido para diagnosticar a los pacientes y darles el tratamiento adecuado. Las imágenes de ultrasonido funcionan enviando ondas sonoras al cuerpo. Estas rebotan contra los órganos y son recogidas por el equipo médico. Las ondas que regresan se usan para crear una imagen de lo que hay dentro.

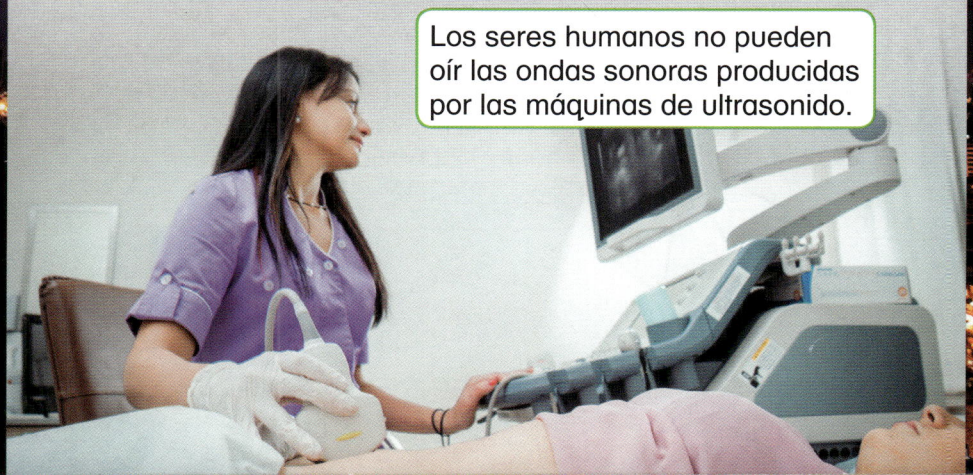

Los seres humanos no pueden oír las ondas sonoras producidas por las máquinas de ultrasonido.

La energía mecánica

¿Has visto alguna vez una bola de demolición derrumbar un edificio? Cuando se suelta la bola de demolición, esta se balancea en el aire y destruye todo lo que está en su camino. La energía que usa la bola de demolición se denomina energía mecánica. La energía mecánica es, en realidad, la suma de dos tipos de energía: potencial y cinética.

La energía potencial es la energía almacenada de un objeto según su posición. La altura de un objeto por encima del suelo crea energía potencial. También la pueden crear fuerzas como doblar o estirar. Una bola de demolición posada en el suelo tiene energía potencial cero. Pero cuando la bola de demolición se eleva, la gravedad la atraerá hacia abajo en cuanto sea liberada. La bola de demolición tiene mucha energía potencial cuando está elevada. Causará destrozos cuando la suelten.

La energía cinética es la energía de un objeto en movimiento. El movimiento puede ser vibración, rotación u oscilación. Por ejemplo, una bola de demolición que se balancea en el aire tiene energía cinética.

Una bola de demolición puede pesar hasta 12,000 libras.

La combinación de la energía potencial y la energía cinética es la energía mecánica, o la capacidad de un objeto de ser movido.

Cómo funciona una bola de demolición

Cuando una bola de demolición está elevada en el aire, lista para que la dejen caer, no está en movimiento. En esta posición, no tiene energía cinética, pero sí mucha energía potencial.

energía potencial

Cuando se suelta la bola de demolición, la gravedad hace que la bola oscile. Ahora, la bola de demolición tiene mucha energía cinética.

energía cinética

La energía mecánica de la bola de demolición hace que esta aplique una fuerza al edificio.

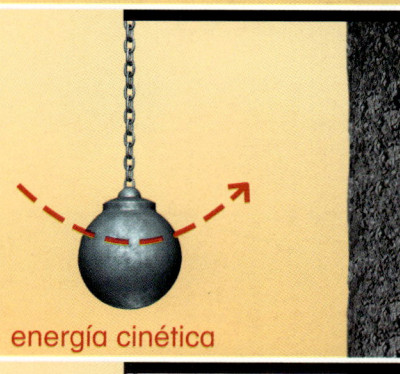

energía potencial + energía cinética = energía mecánica

Conexiones con la vida diaria

Los seres humanos usan energía mecánica todos los días para mover cosas. Por ejemplo, cuando juegas al béisbol, necesitas energía mecánica para batear un jonrón. Cuando es tu turno al bate y estás con los brazos doblados en posición, tus músculos tienen gran cantidad de energía potencial. Cuando bateas, el movimiento genera energía cinética. Juntos, los dos tipos de energía se transforman en energía mecánica, que se transfiere a la pelota cuando la bateas, y esta sale volando.

Sin energía mecánica, anotar una carrera ganadora para tu equipo sería imposible.

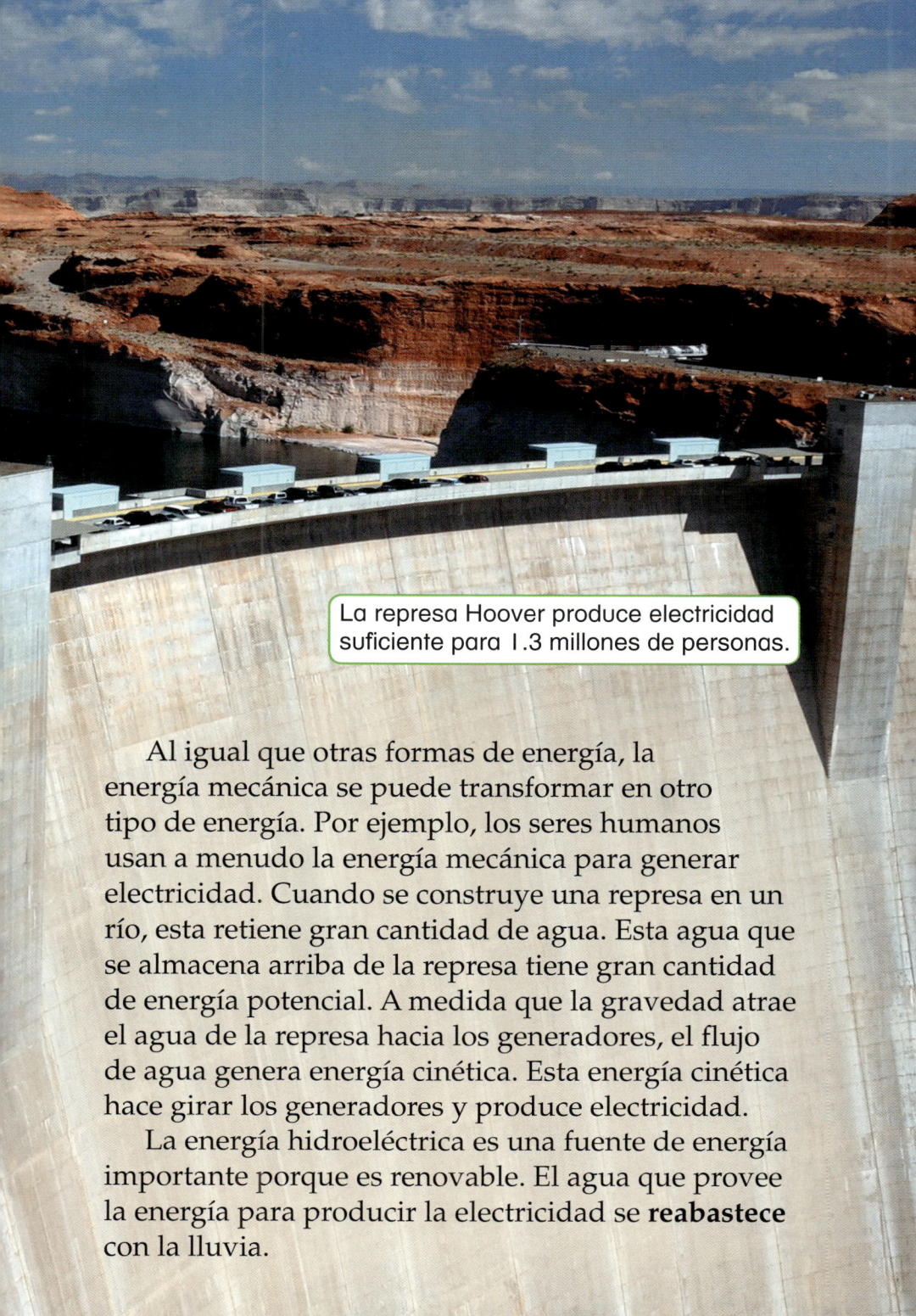

La represa Hoover produce electricidad suficiente para 1.3 millones de personas.

Al igual que otras formas de energía, la energía mecánica se puede transformar en otro tipo de energía. Por ejemplo, los seres humanos usan a menudo la energía mecánica para generar electricidad. Cuando se construye una represa en un río, esta retiene gran cantidad de agua. Esta agua que se almacena arriba de la represa tiene gran cantidad de energía potencial. A medida que la gravedad atrae el agua de la represa hacia los generadores, el flujo de agua genera energía cinética. Esta energía cinética hace girar los generadores y produce electricidad.

La energía hidroeléctrica es una fuente de energía importante porque es renovable. El agua que provee la energía para producir la electricidad se **reabastece** con la lluvia.

Explorar y descubrir

La fuerza y la energía siempre nos rodean y afectan cómo hacemos las cosas. Hacer preguntas, probar cosas y hacer observaciones permite empezar a entender cómo la fuerza y la energía influencian nuestro mundo. El conocimiento que adquirimos nos ayuda a inventar nuevos métodos de comunicación, exploración y construcción.

Todavía hay muchas cosas que los científicos no entienden sobre la fuerza y la energía, lo que significa

que queda mucho por hacer. Todos los días, hay gente que trabaja duro experimentando, probando teorías y entendiendo cómo funcionan las cosas. La próxima vez que veas algo que no entiendas, hazte preguntas. ¿Qué lo causa? ¿Cuál es el resultado? Si cambio esto, ¿pasará lo mismo? Si estableces conexiones entre tus experiencias y el mundo que te rodea, podrías descubrir algo nuevo.

Aunque es muy peligroso, Benjamin Franklin hizo volar una cometa en una tormenta eléctrica para demostrar que los rayos son electricidad.

Glosario

constelación: un grupo de estrellas que forman un patrón conocido y al que se le ha dado un nombre

desviar: cambiar la dirección de movimiento

estructura: un edificio u objeto construido

evaporaría: transformaría de líquido a gas

expandirse: propagarse

fundida: derretida por las elevadas temperaturas

géiseres: fuentes termales que emiten vapor y chorros de agua en el aire

imágenes: fotos

navegar: encontrar la dirección necesaria para desplazarse a un lugar

orientar: posicionar en una dirección específica

partículas: trozos muy pequeños de materia

radioactivas: que emanan una forma de energía poderosa

reabastece: vuelve a llenar

resistencia: una fuerza que detiene o frena algo

tecnologías: métodos o equipos creados usando información científica

Índice